LE
NOEUD GORDIEN

DÉBROUILLÉ,

OU

SOLUTION

D'UN

GRAND PROBLÊME POLITIQUE.

Par un vrai Républicain.

A PARIS,

De l'Imprimerie de J. J. Smits et Ce., rue des Marais, No. 2, F. G.

L'AN III DE LA RÉPUBLIQUE.

avec transport, quelle que soit la main qui me la présente, et quelque contraire qu'elle soit aux idées que j'avois conçues.

Dans le petit écrit que l'amour pour la patrie, et mon zèle pour ses intérêts, m'ont inspiré, je crois la voir cette vérité si digne de tous nos hommages. Si je me trompe, je suis prêt à abjurer mon erreur, et à me ranger du côté de celui qui prendra la peine de m'éclairer. Je lui voue d'avance une amitié et une reconnoissance éternelles, pourvu qu'il respecte la droiture de mes intentions, qui peut seule me consoler du malheur d'avoir mal vu.

Je ne prétends pas éclairer le gouvernement sur les vrais intérêts de la République; cette prétention me rendroit ridicule, et n'annonceroit qu'un zèle impertinent, parce qu'il seroit complètement inutile. Personne n'admire et n'applaudit, avec plus de complaisance et de sincérité que moi, aux talens, aux lumières, à la sagesse et à la profondeur des vues, à la pureté des principes, à l'ardeur du zèle et à l'imperturbable application des membres qui le composent. Mais il est encore tant de malveillans, tant d'êtres pour qui l'intrigue et le trouble sont des besoins, parce que ce n'est que là qu'ils peuvent trouver leur salut. Il est encore tant d'hommes dégradés qui saisissent le bien comme le mal, qu'ils dénaturent avec la même impudeur et la même adresse, pour arriver à leur but, qui n'est que celui du crime,

(3)

que j'ai cru devoir prémunir le peuple contre
ces perpétuelles et infernales clameurs, par
lesquelles on cherche à l'agiter, et lui mon-
trer ce que je regarde comme ses véritables
intérêts, relativement, sur-tout, à un événement qui ne peut que rehausser sa gloire et
amener son bonheur. L'accord de mes réflexions et de mes principes, avec la conduite
du gouvernement, ne sauroit manquer d'affermir sa confiance en ses dignes Représentans,
et lui faire rejetter avec indignation tout ce
qui tendroit à l'ébranler. C'est, du moins, la
seule fin que je me propose. Je commence.

Les intérêts du peuple Français sont sim-
ples, ils sont évidens, ils sont sensibles ; il
ne sauroit ni les ignorer, ni s'y méprendre.
Ils sont puissans, ils sont justes ; il ne peut
se refuser aux sacrifices qu'ils exigent. Ils sont
confondus, ils sont amalgamés avec les intérêts de chaque individu ; il faudroit avoir dé-
pouillé la qualité d'homme pour les trahir.

Affermir sa liberté et son indépendance politique, donner à la forme de son gouvernement une consistance inébranlable, ouvrir et
féconder toutes les sources de prospérité na-
tionale, afin de faire fluer par-tout l'abondance, et avec elle la plus grande somme possible de bonheur. Voilà, en peu de mots, les

vrais intérêts du peuple Français : voilà le grand, l'unique objet qui règle les travaux de ses Représentans, et qui leur commande impérieusement de ne céder ni aux difficultés, ni aux obstacles. Voilà, depuis l'époque à jamais mémorable qui a terminé le règne atroce des tyrans, et rétabli l'*ère* éternelle des *Droits de l'Homme*, voilà le but de tous les efforts de la nation ; voilà le principe de son énergie, l'aliment de son enthousiasme, le soutien de son courage, le motif de sa constance, la source de la valeur et des triomphes de ses soldats, et l'inestimable prix du sang qu'elle fait répandre.

Il n'étoit qu'une voie qui conduisît à ce but : c'étoit la guerre. Depuis quatre ans elle exerce ses fureurs ; depuis quatre ans le Français marche au bonheur sur des tas de cadavres.

Il n'étoit qu'un moyen d'y atteindre ; c'étoit la victoire. Jamais peuple ne la fixa avec tant de constance sous ses étendarts. Depuis deux ans, sur-tout, elle a franchi avec lui les plus impénétrables barrières.

Il n'est qu'un moyen de s'en assurer, imperturbablement, la jouissance, c'est la paix ; mais une paix, qu'il ne soit ni permis, ni même possible à la tyrannie de troubler ; une paix dont le peuple Français dicte lui-même les conditions en vainqueur, et dont il retire principalement les avantages.

Ce sont là des vérités généralement senties,

et dont l'évidence ne permet ni contradiction, ni doute (*) : mais sent-on aussi fortement, et aussi généralement en France, qu'il n'est absolument qu'un moyen de terminer une guerre aussi sanglante et aussi désastreuse, par une paix inaltérable, aussi glorieuse, aussi incalculable dans ses produits pour la République Française, que favorable à la propagation de ses principes, et à la cause de l'humanité ? Le cours des événemens, la marche des opérations permettent d'en douter, et m'autorisent à communiquer sur un objet de cette importance, quelques idées, qui ne paroîtront point étrangères à un peuple si jaloux de sa liberté, si digne d'en jouir, et si bien préparé pour en sentir tout le prix.

On ne sauroit se le dissimuler, ce moyen unique de parvenir à cette paix précieuse, c'est l'abaissement, la ruine de la Grande-Bretagne, ou une révolution qui ramène ces îles à des principes de modération et de justice, que leur gouvernement actuel méconnoît depuis si long-temps.

(*) Lorsque j'écrivois ceci, les troupes françaises étoient dans l'inaction, les quartiers-d'hiver étoient ordonnés, le quartier-général de l'armée du Nord devoit être transporté à Anvers ; tout paroissoit annoncer que le gouvernement français renvoyoit la conquête de la Hollande à une nouvelle campagne. L'événement m'a très-agréablement détrompé.

Ce ne sont pas les puissances territoriales ou continentales, que la République Française doit le plus redouter. En ne s'appuyant que sur l'expérience, et sur cette foule de triomphes, qui ne laissent aux ennemis des *Droits de l'Homme*, que la honte et le désespoir de ne pouvoir vaincre leurs défenseurs ; on conclut, sans difficulté, qu'en séparant de la coalition les puissances maritimes, la France n'auroit, depuis long - temps, plus de tyrans à combattre, ni plus d'esclaves à déchaîner. Si on veut bien réfléchir, ensuite, que les forces des oppresseurs des peuples du continent, ont des bornes qu'il leur est presqu'impossible, ou tout au moins aussi onéreux de dépasser, que difficile et coûteux de maintenir ; que la tyrannie et le despotisme sont aussi pauvres en hommes qu'en ressources, et en finances ; qu'on peut avec la même facilité calculer leurs pertes, et le temps nécessaire pour les réparer ; que l'épuisement est infaillible enfin, lorsque la déperdition excède constamment la possibilité des produits, il en résultera que toutes les puissances territoriales de l'Europe réunies, ne peuvent opposer, à la France libre, qu'une barrière impuissante, trop foible pour retarder d'un instant la chûte des trônes aux pieds de la liberté (*).

____

(*) *Frédéric* a eu besoin de subsides, presque dès le commencement de la guerre. *François* a eu plus d'une

Ce n'est donc que sur les puissances maritimes, que portent les forces de la coalition ;
et parmi ces puissances, on ne doit avoir égard
qu'à l'Angleterre, parce que par la prépondérance de ses forces sur celles de chaque puissance en particulier, par l'astuce de sa politique, par son despotisme commercial, elle a
réussi à subjuguer l'Espagne, le Portugal, l'I-
talie et la Hollande ; à influencer les puissances maritimes du Nord, et à rendre, par la
subtilité de son agiotage, par l'impudeur de
ses monopoles, et sur-tout, par ses frauduleu-
ses conventions, et son immorale facilité à les
éluder et à les enfreindre, elle a réussi à rendre toutes les nations de l'Europe tributaires
de son égoïsme national. Ennemie, plus encore que jalouse de la France, la seule puissance en Europe capable de lutter contre ce
colosse imposant, et de l'empêcher d'écraser,

---

fois recours à la voie des emprunts. L'Angleterre et la
Hollande se sont épuisées pour suppléer à leur impuissance , et pour les empêcher d'abandonner la partie. La
plupart des Cercles de l'Empire sont encore en retard de
leur contingent en espèces ; ils sont tous dépeuplés par
le *quintuplum*, que quelques-uns n'ont pu et ne pourront
jamais remplir. La *Hesse* ne peut que vendre ses esclaves.
Quelques petits *tyrannaux* l'imitent dans cet infâme
commerce , ne pouvant faire mieux. Que pourroit crain-
dre la France de cette horde de brigands couronnés , qui
s'étoient promis de partager ses dépouilles ? — *Risum
teneatis amici.*

de sa masse énorme, les *infinimens petits* qui s'offenseroient de ses prétentions ; la fière Albion n'a vu, qu'avec les convulsions de la rage, le vol majestueux que prenoit sa rivale sous les aîles de la liberté ; elle a juré de la réduire à ramper encore sous les pieds toujours foulans de la féroce tyrannie, pour la rendre moins redoutable à son ambition.

Que le peuple Français ne se flatte pas ! jamais, non, jamais il ne jouira d'une vraie tranquillité politique ; jamais il ne pourra se promettre une paix durable ; jamais il ne recueillera pleinement et sans trouble les fruits de sa liberté, tant que l'Anglais se sentira en mesures de renverser ce systême si effrayant pour son despotisme maritime. On l'a dit plus d'une fois dans cette tribune, d'où il émane tous les jours tant de vérités lumineuses, on l'a dit, et je ne fais que le répéter ; *l'Angleterre est à la France, ce que Carthage étoit à Rome ; il faut que l'une ou l'autre périsse :* le bonheur ou le malheur des deux hémisphères, l'esclavage ou la liberté des peuples dépendent du sort de ces deux rivales.

Français ! voulez-vous que la *Carthage moderne* rentre dans le néant ? détachez - en les Provinces - Unies. Ce sont là les aîles du dragon, il suffit de les couper pour le remettre dans la classe des reptiles.

Je me dispense de fouiller dans l'histoire pour y chercher les preuves de cette vérité. Il n'est aucun Républicain Français assez étranger dans l'histoire de sa patrie, il n'en est aucun qui ait assez peu réfléchi sur ses intérêts, assez mal calculé ses forces, et celles de ce peuple de forbans, systématiquement ennemi de la prospérité de toutes les nations, pour n'être pas pleinement convaincu que l'Angleterre n'est redoutable pour la France, qu'autant qu'elle tient la Hollande sous sa dépendance. C'est en Hollande que l'Angleterre a ses magasins, ses arsenaux, et son hôtel des monnoies ; je pourrois ajouter, ses politiques les plus déliés et ses plus fidèles esclaves, dans les partisans intéressés d'une maison, la maison d'Orange, qu'il suffit de nommer pour réveiller la haine et les justes ressentimens du peuple Français. La Hollande, par sa position géographique, par ses forces navales (*), par son opulence,

---

(*) La politique stadthoudérienne, et la despotique influence des princes d'Orange, ont constamment croisé les vues de la plus saine partie de la nation, au sujet de la marine ; de sorte qu'elle a toujours été négligée, parce que son rétablissement et son entretien, et, à plus forte raison, son augmentation, eussent été un obstacle à l'ambition de la maison d'Orange, et rendu l'Angleterre moins absolue dans ses ordres. Les stadthouders ont toujours tourné leur attention sur les forces de terre, qui, composées pour la majorité d'étrangers, et sur-tout d'esclaves allemands, étoient plus immédiatement sous leur dépendance, et plus disposées à soutenir leur tyrannie. Ils n'ont jamais cessé, sous mille prétextes, de demander aux

par son crédit, par la nature et l'étendue de
son commerce, est entre la France et l'Angleterre comme un contre-poids, qui fait nécessairement pencher la balance du côté qu'il pèse.
Son intérêt commercial et politique seroit sans
doute de ne peser d'aucun côté. La guerre entre ses voisins ne devroit jamais être pour elle
qu'un objet de spéculation : mais trop foible
pour résister seule à l'une ou l'autre des deux
puissances intéressées également à l'entraîner
dans leurs querelles ; hors d'état, par conséquent, de lutter contre toutes les deux pour
faire respecter le systême de neutralité qu'il
lui conviendroit d'adopter ; elle est constamment réduite à la dépitante et très-humiliante
alternative de céder au despotisme de l'influence, en s'alliant à celle des deux puissances qui
réussit à maîtriser ceux qui la gouvernent,
(et l'Angleterre, graces au stadthoudérat, a,
sur ce point, tout l'avantage), ou, d'acheter
très-chèrement, de l'une et de l'autre, le droit
de conserver la paix, lorsqu'elle n'a ni intérêt, ni motif à faire la guerre.

Si la République Française pouvoit ignorer

Etats l'accroissement de ces forces oppressives, ni de s'opposer, par cabale et par intrigue, à la plus légère amé-
lioration de celles qui auroient fait et qui devoient faire
la principale force de l'Etat. C'est ainsi que la marine
hollandaise est tombée dans un état de dépérissement,
dont la liberté seule pouvoit la relever.

de quelle importance est, pour l'Angleterre, l'alliance des Provinces - Unies, elle n'auroit qu'à se replier sur l'époque de 1787, pour saisir, s'il est possible, toute la souplesse des ressorts, toute l'injustice des moyens, toute la vilité, toute la perfidie des manœuvres que le cabinet de Saint-James a mis en usage pour rompre le traité, que le demi-triomphe du patriotisme avoit ménagé à la France en 1784. S'il faut juger de l'intérêt qu'on met dans la possession d'un bien, par les efforts qu'on fait pour le recouvrer après l'avóir perdu, sans doute, il n'en est point de plus précieux pour la cour de Londres, que celui qu'elle trouve à pouvoir disposer à son gré de la Hollande ou des sept Provinces.

Or, si la clairvoyante Albion, toujours conséquente, toujours fidèle (quoique sans délicatesse et sans bonne-foi), au système de domination qu'elle s'est formé, qui détermine seül la marche de ses opérations politiques, vers lequel elle plie avec une adresse peut-être inimitable, les plus petits évènemens, si, dis-je, la clairvoyante Albion trouve tant et de si grands avantages dans cette alliance, la France en trouveroit-elle moins, sur-tout si la Belgique n'étoit plus une barrière entre les deux Républiques ? et, n'y vît-elle que le seul avantage de priver sa rivale de ceux qu'elle en retire, n'est-il pas assez grand, n'est-il pas assez puissant, pour saisir avec avidité tout ce qui peut

contribuer à le faire obtenir ? Affoiblir son ennemi, c'est se fortifier de toutes les forces qu'on
lui enlève. En politique, comme en calcul, le
produit de la perte au gain est toujours double. Ainsi la Hollande resta-t-elle neutre après
sa rupture avec l'Angleterre, refusa - t - elle
de s'unir à la République Française par un
traité avantageux ; la France gagne tout ce que
l'Angleterre perd. C'est un poids retiré de
l'un des bassins, qui rétablit, tout au moins,
l'équilibre dans la balance. La liberté n'a plus
qu'à la toucher du doigt, pour enlever à la
tyrannie jusqu'à l'espoir de la faire pencher de
son côté.

Que sera-ce donc, si après avoir brisé tous
les liens qui la retenoient sous le despotisme
avilissant du gouvernement Britannico-Pittéen,
la Hollande contracte, avec la République Française, une de ces alliances que l'intérêt commun,
toujours présent, toujours le même, rend nécessairement inviolables, parce qu'aucune des
parties contractantes ne sauroit y renoncer sans
se nuire ? Je croirois offenser le gouvernement
Français, si je me permettois sur ce point des
détails qui lui sont, tout au moins, aussi fa-
miliers qu'à moi, et qu'il a dû forcément approfondir, parce qu'il est essentiellement intéressé à les apprécier. La difficulté de se procurer des subsistances, les besoins de sa marine,
la stagnation de son commerce, le discrédit de
son papier-monnoie, sont tout autant de maux,

que l'alliance de la Hollande, ou même sa neutralité lui auroit, en grande partie, épargnés, et que l'Angleterre a profondément calculés, en faisant partager à son alliée la perfidie de sa politique et les crimes de son ambition. Le mal bien défini, n'est que l'absence du bien ; le bien paroît, par conséquent, dès que le mal cesse, et le mode le plus efficace de le faire cesser, c'est d'anéantir la cause qui le produit.

La Hollande commence à se rassentir elle-même des maux qu'elle cause. Son tempérament politique est trop foible pour les soutenir long-temps ; elle y succomberoit bientôt. Son état de langueur actuel alarme ceux même qui ont méchamment intercepté les sucs nourriciers, qui, du moins, entretenoient dans elle une santé précaire. Semblables à ces médecins ignares, qui après avoir conduit aux portes du tombeau ceux qui leur ont imprudemment confié le soin de leur vie, les abandonnént enfin aux soins bienfaisans de la sage nature, qu'ils ont constamment contrariée par la violence d'un régime homicide ; *Guillaume V* propose astucieusement la paix (*), fût - ce même à

(*) *Guillaume* despotisoit encore les Provinces-Unies ; il avoit ses émissaires à Paris, qui essayoient de le garantir de sa perte ; les armées du Nord n'avoient point encore franchi les rivières, lorsque j'en étois à cet endroit de cet écrit.

son préjudice, et *Georges* veut bien le permettre ; pour mettre un terme aux malheurs dont leur tyrannie est la cause, et en prévenir, s'il est possible, de plus grands encore dont ils sont personnellement menacés.

La paix ! ah ! ce n'est ni *Georges* ni *Guillaume* qui la desirent. Quel bien pourroit-elle procurer à leur criminelle ambition ? Non : amuser la France par des négociations insidieuses, ralentir la marche de ses armées, suspendre le cours rapide de leurs victoires, les empêcher de profiter des moyens de triompher sans peine, que la rigueur de la saison leur offre, pour se donner à eux-mêmes le temps d'organiser de nouveaux modes de résistance, afin de les déployer dans une nouvelle campagne, déconcerter et comprimer, en attendant, les mesures de vigueur que prennent les amis de la patrie, de la liberté et du peuple Français ; voilà le but secret de cette ridicule ambassade, qui n'a pu qu'indigner le gouvernement Français, puisqu'on l'a cru capable de donner dans un piége aussi grossièrement tendu, et qui ne pouvoit échapper au politique le plus novice.

Mais, fussent-elles aussi sincères, qu'elles sont artificieuses ces propositions, quelle paix que celle qui ne pourroit être que le fruit de la nécessité et de la détresse du moment ! Quelle paix que celle que concluroit la France avec les partisans et les indignes suppôts du tyran des Provinces - Unies, qui ont autant d'intérêt que lui à la rompre ou à la violer, et qui ont juré, comme lui, une haine éternelle au peuple Français et à ses principes ! Est-ce des esclaves de *Pitt* qu'on peut attendre de la bonne foi et de la fidélité ? N'a-t-on pas assez des preuves de leur immorale et traîtreuse politique ?

Je ne pousse pas plus loin ces réflexions ; elles ont été saisies dans toute leur latitude par la sagesse et la prudence du gouvernement Français. Aussi, quel a été le résultat de cette ruse extravagante de la faction Anglo - Stadthoudérienne ? nous l'avons vu avec joie, mais sans étonnement. Le gouvernement Français a écouté, mais il n'a pas cessé d'agir ; et l'insurrection de la province de Hollande, la soumission de presque toutes les autres, la ruine ou la dispersion des coalisés, le désarmement des troupes stadthoudériennes, la fuite du tyran et de sa famille, la déchéance de ses adhérens, le triomphe du patriotisme et de la liberté ont été les heureux fruits de cette prudente et énergique mesure.

La République Française est donc en possession de la Hollande. Cet évènement, qui, trois mois plus tard, eût coûté des flots de sang, des dépenses énormes, exigé peut-être une campagne entière par les difficultés qu'il auroit fallu vaincre, n'a coûté, dans l'heureux concours des circonstances qui l'ont favorisé,

que la hardiesse d'en profiter, et le courage
de braver les rigueurs de la saison dans des
héros accoutumés à affronter la mort.

Il n'est, par conséquent, plus question de
paix avec les Provinces - Unies. L'étonnante
révolution qui vient de s'y opérer, en faisant
disparoître les seuls ennemis avec lesquels le
peuple Français étoit en guerre, ne lui laisse,
dans cette intéressante République, que des
amis et des frères à s'attacher par les liens
sacrés et indissolubles d'une alliance, la plus
utile que la République Française puisse jamais
former : cette alliance, si nécessaire aux Bataves, ne peut jamais souffrir de leur part la
moindre altération. La prospérité de la France
devient pour eux d'un intérêt égal à celui qu'y
prend la France elle - même ; parce que s'ils
perdoient jamais le seul appui qui peut garantir leur liberté et leur indépendance, ou si cet
appui venoit à s'affoiblir au point de ne pouvoir les protéger et les défendre, ils rentreroient
bientôt dans les fers qu'ils viennent de briser,
et ils se livreroient eux-mêmes, comme des
victimes, à l'implacable vengeance de leurs
tyrans, et de cette cour qui depuis long-temps
ne se signale que par des forfaits politiques,
et qui a un si puissant intérêt à rétablir un
pouvoir dont elle a toujours disposé, et dont
elle disposeroit encore à son gré. Il résulte
de cette réflexion, d'une vérité si frappante,
que l'attachement des Bataves pour la France,

et

et leurs efforts pour concourir à l'augmentation de ses forces croîtront nécessairement en
proportion de la somme de bonheur et de
puissance qu'ils acquerront eux-mêmes sous les
bienfaisans auspices de la liberté.

Les avantages d'une alliance, calquée sur
les règles de la justice et d'une saine politique,
entre les deux Républiques, seront donc incal-
culables pour la France, si le gouvernement
français, dédaignant l'intérêt du moment, porte, suivant sa prudence ordinaire, sa vue dans
l'avenir. La Hollande sera réellement pour la
France *la poule aux œufs d'or ;* mais on doit
la laisser pondre à son aise, on perdroit tout,
si, par l'avidité de jouir, on se déterminoit
à l'éventrer. La Hollande est une puissance
purement commerciale, les productions de son
sol sont presque nulles, bien éloignées du
moins de suffire aux besoins de sa population ;
celles que ses possessions dans les deux Indes
lui fournissent ne sont propres qu'à satisfaire
des besoins factices, que, pour le malheur de
l'humanité, l'habitude n'a rendus que trop
réels et trop pressans ; elle ne jouit de ces productions que d'une manière à-peu-près précaire, tant par les dangers inséparables d'une
longue navigation, que par ceux qu'y ajoute
toute guerre à laquelle elle est forcée de prendre part. Elles sont encore bien reduites, ces
productions, par les vices d'une administration
parasite, qui ruine les intéressés, pour n'en-

B

richir que des facteurs et des employés rapaces, assurés de l'impunité sous des chefs intéressés à cacher eux - mêmes leurs propres dilapidations. Le même vice d'administration, par la mesure tout à - la - fois impolitique et cruelle d'asseoir les impôts sur les denrées de première nécessité, en haussant prodigieusement le prix de la main-d'œuvre, a ruiné et complètement détruit des manufactures florissantes, qui faisoient, jadis, la richesse de l'état, et y entretenoient l'abondance. L'impossibilité de soutenir la concurrence avec les fabriques du même genre établies en France, en Angleterre et dans les Pays-Bas, a forcé les fabricans à les abandonner. C'est ainsi que la magnifique manufacture de draps établie à Leyde, celle de toile qui existoit à Haarlem, celle de velours, dits d'Utrecht, qui enrichissoit toute la province de ce nom, etc. etc. etc. ont disparu, et avec elles un numéraire immense qu'elles attiroient.

Il résulte de ce succinct exposé, que toute la richesse de la République Batave est principalement concentrée dans les produits incertains de l'industrie commerciale, et qu'elle ne doit cet état d'opulence, qui excite la jalousie de ses voisins, et qui est cependant plus présumé que réel depuis la guerre d'Amérique, qu'elle ne le doit, dis-je, ou qu'elle ne l'a dû qu'à cette infatigable activité, à cette ténacité de patience, à cette science profonde dans l'art de

spéculer, et du calcul des chances qui caracté-
risent le genie national ; à la hardiesse des
risques, à l'importance des mises, à la mesure
pleine de prudence de soutenir le crédit de
la banque et des différentes places par des
avances sagement accordées aux négocians
étrangers qui les fournissent, qui font la base
et assurent le succès des opérations des particuliers.

Cette vérité, bien sentie, conduit nécessairement à cette conséquence que, si l'on altère
en Hollande le crédit national, ou par des
contributions forcées, ou par des réquisitions
semblables à celles qui ont porté la désolation
dans la Belgique, dans la mairie de Bois-le-
Duc et autres pays conquis, et qui ont ruiné
ces malheureuses contrées, de manière à ne
s'en relever peut-être jamais, ou par l'intro-
duction des assignats, qui entraveroient la
marche du commerce, à moins qu'on n'ouvrît
promptement un débouché à la somme qu'on
en mettroit en circulation, en rétablissant une
pleine liberté commerciale entre les deux nations, la République Batave pourra bien fournir à la France quelques ressources momenta-
nées ; mais elle ne sera jamais pour elle qu'une
alliée inutile, à charge même, si on s'obstine
à conserver son alliance, et qu'elle sera forcée elle-même de rompre pour se soustraire
à une misère irrémédiable.

Cette assertion, qui pourra paroître un paradoxe politique aux yeux de ceux qui ont la vue assez courte pour ne voir que les maux présens, et le besoin d'y remédier, sans approfondir ni la nature des moyens ni leur aptitude ; cette assertion trouve sa preuve dans l'étroite liaison du crédit national avec le crédit et la fortune des particuliers ; le premier repose essentiellement, je dirois presque uniquement, sur le second ; on ne sauroit par conséquent toucher à l'un sans que l'autre s'en ressente. Si on considère après cela que toutes les caisses publiques sont vuides, que les fonds de la banque d'Amsterdam, par un abus de confiance qu'on ne sauroit laisser impuni, ont été la proie des coalisés, et ont servi tout à-la-fois et d'aliment à une guerre injuste, et de vehicule à la séduction, on sentira que des contributions forcées, ou tels autres moyens, d'enlever le peu de richesses qui restent encore dans ces provinces trop long-temps opprimées, ne pourroient porter que sur la classe des négocians qui en sont les dépositaires, et qui en masse ont déjà perdu au moins le tiers de leurs capitaux, tant par les impositions exorbitantes dont on les a grevés dans ces derniers temps, que par des banqueroutes, suites de la guerre et de la stagnation du commerce, et par la perte de quantité de vaisseaux richement chargés que les Français leur ont enlevés.

Or, comme le crédit individuel est toujours en raison directe de l'opinion qu'on s'est for-

mée de la richesse de celui auquel on l'ac-
corde, il s'ensuit que l'Europe marchande, qui
ne pourra ignorer la diminution sensible de
l'opulence présumée des négocians Hollandais,
appauvris encore par les suites de la révolution de leur patrie, réglera son opinion sur
ce nouvel état de choses ; le crédit individuel
se nivellera avec cette opinion ; celui de l'état,
déjà presque ruiné par l'épuisement un peu
trop connu de ses finances, ne trouvera plus
dans la fortune des particuliers des ressources
pour se rétablir ; le commerce, qui se plaît et
se nourrit dans l'abondance, ira répandre ses
riches influences sur un sol plus apte à les
recevoir ; la Hollande redeviendra ce qu'elle
étoit jadis, un vaste marais, par l'impossibilité où elle se trouvera de suffire aux dépenses
énormes qu'exigent l'existence artificielle de
ses vastes et pompeuses cités, et les ennemis
de la liberté s'en prévaudront pour crier encore
plus haut, que l'arbre qui en est le symbole
n'est pour l'Europe qu'une plante exotique qui
ne sauroit y produire que les fruits amers du
désordre et de la misère.

Si on attaque d'ailleurs les propriétés individuelles contre la sainteté des principes et la
foi des promesses, quoique ce soit d'une manière indirecte, quel moyen restera-t-il à l'état
épuisé, de relever sa marine, de soudoyer
une armée, d'entretenir ses magasins ? Et sans
marine, sans magasins et sans armée, qu'est-

ce que la Hollande pour la France ? Ce n'est cependant, dans la crise actuelle , comme on ne peut se le dissimuler , ce n'est que sur les sacrifices volontaires, que l'amour de la liberté, le zèle pour les intérêts de sa libératrice, et la reconnoissance si naturelle à la nation Batave , lorsqu'elle n'est influencée que par elle-même , commanderont aux maisons de commerce et aux riches capitalistes , que l'état peut fonder son espoir , et la France , la certitude des secours qu'elle se promet , et qu'elle a lieu d'attendre d'un peuple ami. Les bourses s'ouvriront avec empressement , si on ne le commande pas ; la moindre apparence de force , en aigrissant les esprits , glacera les cœurs ; on craindra que les demandes se multiplient , que cette porte , une fois ouverte , ne se referme plus ; et les richesses qui restent disparoîtront , (car les moyens en sont très-faciles) , si les riches eux-mêmes ne disparoissent pas , à moins qu'on ne renouvelle ces mesures violentes qui sentent plus l'oppression que la liberté , et qui font détester une révolution qui remplit tout autre but que celui qu'on avoit lieu d'en attendre. Je crois même que ces mesures, si on étoit assez inconséquent et assez impolitique pour les tenter , ne feroient que hâter l'émigration des capitaux que les propriétaires ne manqueroient pas de suivre dans des momens opportuns.

Ajoutons encore , (car il est bon de tout

prévoir et de tout dire) ajoutons que , si on attaque indirectement les propriétés individuelles par l'un ou l'autre des trois moyens que j'ai indiqués, et , ce qui seroit pire encore , en les faisant concourir conjointement à l'épuisement total des Provinces - Unies , il est plus que probable que les maisons de commerce , dont il est plus facile d'apprécier le crédit que les fonds réels , pour ne pas faire présumer trop favorablement de leur fortune , en faisant usage de toute l'étendue de leur crédit, prendront le parti, ou de suspendre momentanément le cours de leurs affaires , ou de rendre leur commerce presque nul , soit par les bornes qu'elles sauront lui prescrire , soit par la lenteur qu'elles mettront dans leurs opérations, soit enfin par les difficultés et les entraves qu'elles créeront elles-mêmes. Cette inertie se communiquera au commerce général , parce que sa correspondance avec le commerce des particuliers est intime ; dès - lors tout espoir d'approvisionnement des objets dont la France éprouve la pénurie , par le canal de la Hollande, que l'amour des Bataves , autant que ses victoires , lui avoient ouvert, cesse pour elle , et son commerce propre , qui se seroit indubitablement un peu ravivé par celui de la Hollande ; une partie de ses munufactures , qui auroient repris de l'activité , pour fournir la République Batave des objets dont elle est au dépourvu , resteront dans cet état de langueur qui la prive depuis si long-temps d'une de ses plus importantes ressources.

La République Française pourroit donc, par cette marche, si on avoit le malheur de la suivre, détruire la Hollande ; elle pourroit se réjouir un moment à la vue des dépouilles d'une puissance incapable de lui résister ; mais la République Française se trahiroit elle-même, elle se puniroit, en se privant d'une ressource perpétuelle dans ses besoins, en fermant à ses manufactures et au superflu de ses productions territoriales, un débouché dont l'expérience a dû lui faire connoître l'importance (*), et ce

---

(*) La balance du commerce entre la France et la Hollande a toujours été en faveur de la France, parce que, outre sa consommation intérieure, la Hollande fournit ses propres colonies de nos vins, de nos huiles, et des productions de nos manufactures, tant de luxe que de nécessité. Cette balance, dans des temps heureux, qu'une bonne administration et un traité avantageux de commerce peuvent faire revivre, a donné souvent au-delà de trente millions de florins de Hollande en excédent. Je veux le réduire à la moitié, au tiers même ; je ne crois pas que cet excédent soit un objet à mépriser.

Il est vrai que, dans les circonstances actuelles, cette balance seroit en faveur de la Hollande, parce que nos besoins sont plus grands et plus importans que les siens ; mais ce désavantage commercial ne seroit que passager, et bientôt le commerce de la Hollande redeviendroit notre tributaire, parce que ses besoins, sans cesse renaissans, excéderoient les nôtres, qui ne sont, pour la plupart, que des besoins de circonstances.

qui seroit encore plus sensible à une nation, pour qui l'honneur est un besoin, plus pressant mille fois que l'aisance, (qui d'ailleurs ne seroit qu'éphémère) elle sentiroit, après le premier enthousiasme qu'exciteroit parmi le peuple un instant d'abondance, le regret cuisant d'avoir manqué à sa loyauté, d'avoir flétri sa gloire, et d'avoir mis un obstacle insurmontable à la confiance de toutes les nations. Si jamais le Batave étoit dupe de sa crédulité, si on le punissoit d'avoir été trop ardent à se jetter entre les bras des apôtres de la liberté, quel seroit désormais le peuple assez imprudent pour seconder les efforts de leurs armes, et leur faciliter des triomphes ? Il n'en est aucun, sans doute, qui ne leur fît acheter chèrement la victoire, dans la crainte de payer plus chèrement encore leur amitié.

Je l'avoue, et c'est avec transport, que je rends hommage à une vérité bien consolante pour tous les amis de l'humanité, et pour les admirateurs de la République Française et de son sublime systême, la conduite, pleine de modération et de sagesse, des Représentans du peuple auprès de l'armée du Nord, et en conséquence la conduite de la partie de cette armée qui se trouve dans les sept Provinces, envers le bon peuple Batave, rendent toutes ces réflexions inutiles, et paroissent devoir bannir toute crainte du plus léger écart des principes. Le peuple Batave jouit déjà, sous leurs auspices , du bonheur d'être libre , et le temps , sans doute , ne fera qu'augmenter son bonheur , en consolidant sa liberté. Le gouvernement , qui a ordonné cette marche bienfaisante , les Représentans qui la surveillent , les généraux qui la font exécuter , les troupes qui s'y conforment , sont , pour le peuple Batave , autant de dieux tutélaires qu'il doit à jamais bénir , et qui exigent , de sa part , le tribut bien mérité d'une vive reconnoissance ; mais comme au milieu même d'un peuple , dont les Représentans ont mis *la justice à l'ordre du jour* , et qui s'applique lui - même à affermir son règne , il est encore des hommes qui calomnient jusqu'au bien même qu'ils n'aiment pas , et qui ont la criminelle manie de se servir du prétexte des maux présens , pour étouffer jusqu'au germe des biens à venir ; j'ai cru qu'il étoit urgent , pour les empêcher de nuire , de démontrer au peuple Français , que son gouvernement , parfaitement éclairé sur les vrais intérêts de la patrie , y travailloit mille fois plus efficacement par la conduite pleine de grandeur et de prudence qu'il s'est prescrite envers le peuple Batave , que s'il eût traité cette terre natale de la liberté en pays de conquête , et qu'il eût fait passer , dans le trésor public , toutes les propriétés , sans exception quelconque , de ses industrieux habitans.

Indépendamment de toute autre considération , il en est une qui, j'ose le dire , prescrit

impérieusement elle seule la conduite que le
gouvernement Français a si prudemment adop-
tée envers la nouvelle République. On parle
de paix; plusieurs des coalisés la demandent,
dit - on, chacun en particulier ; il n'est pas
douteux du moins qu'ils ne la desirent , la
guerre leur est trop funeste. Selon moi , il est
toujours pressant de la faire pour le vainqueur
même , parce que la paix est un bien , et la
source de tous les biens pour les peuples, et
que la guerre est pour eux le plus redoutable
de tous les fléaux , puisqu'elle les prépare et
les enfante tous. Je parle ici en homme sensible aux maux de l'humanité ; car, si je par-
lois en politique, j'aurois bien de raisons à
alléguer , pour ajouter de nouvelles conquê-
tes à celles qui élèvent déjà si haut la gloire
du nom Français , et pour éloigner ces traités
particuliers, que l'intrigue des puissances avec
lesquelles on se propose de continuer la guerre,
ou quelques revers inattendus peuvent faire
rompre au moment qu'on y est le moins préparé , pour ne penser qu'à une paix génerale,
(avec les puissances continentales du moins,
et celles des puissances maritimes qui voudront
abandonner la perfide Angleterre , qu'il faut
humilier jusqu'à l'impuissance), aux moyens
d'en dicter les conditions sans réplique , et aux
mesures de les rendre inviolables. Mais quelle
que soit, à cet égard, mon opinion politique,
dont le développement seroit ici fort déplacé ,

on parle de paix , et , je le répète comme ami de l'humanité , je desire bien sincèrement que les bruits s'en réalisent , et que le nombre des ennemis de la France diminue du moins , si je n'ai pas le bonheur de les voir tous humiliés et soumis à-la-fois. Or , de quelle importance n'est-il pas pour la République , qu'au moment qu'elle se déterminera sérieusement à traiter avec les puissances qui l'en sollicitent , la République Batave présente un aspect imposant d'opulence et de forces , qui rende la France plus redoutable , par le droit qu'elle s'est acquis d'en disposer à son gré, qu'une étroite alliance ne fera que confirmer ? Combien une alliée puissante et pleine d'ardeur et de zèle n'influera-t-elle pas dans les conditions de ces traités particuliers ? Combien n'alarmera-t-elle pas , ne découragera-t-elle pas les puissances qui ne voudront pas déposer les armes ? Quelle augmentation de forces et de dépenses n'exigera pas , de leur part , ce nouvel ennemi de leur tyrannie ? Je laisse à la sagacité des politiques le soin de saisir, de calculer , d'apprécier tous les avantages que le peuple Français retirera de sa modération, de sa justice, de sa fidélité aux principes et à ses promesses ; et de les comparer , même en les grossissant d'après les frivoles apperçus de l'ignorance , avec ceux qu'il pourroit retirer de la plus complète spoliation des sept Provinces. Je me contente de donner, par tout ce que je viens de dire, les bases du calcul et du rapprochement, de plus habiles et de plus hardis que moi détermineront la vraie valeur et les justes rapports de cette *donnée* indéfinie.

Je le sais, le peuple Français ne doit pas avoir inutilement prodigué son sang et ses trésors pour rendre la liberté au peuple Batave. Il est très-juste que le peuple libérateur trouve, dans le peuple délivré de l'oppression, quelque chose de plus qu'une stérile reconnoissance. Le peuple Français éprouve des besoins ; ses armées, celle sur-tout qui a purgé, par sa valeur et par sa constance, un sol jadis glorieusement imbibé du sang des premiers ennemis de la superstition et du despotisme, des tyrans odieux qui avoient rétabli le trône impur de ces deux monstres dévorans, cette armée de héros manque d'une infinité d'objets, dont une plus longue privation ajouteroit trop aux maux sans nombre dont elle a triomphé par un excès de patience et de zèle. Le Batave seroit indigne du bienfait qu'il vient de recevoir, s'il attendoit à être sommé de venir au secours et de ses libérateurs immédiats, et du peuple généreux dont ils ont rempli les bienfaisantes vues. J'en serois volontiers le garant ; le peuple Batave ne restera point en-deçà de ses devoirs, et ne démentira pas son caractère par une ingratitude ou une parcimonie qui l'aviliroient également aux yeux de toutes les

nations. Mais c'est au sentiment de ses obliga-
tions que, dans le moment présent, on doit
s'en rapporter de l'étendue de ces secours, et,
à sa prudence, du choix des moyens qui le
mettront en état de les fournir. Quelque puissans que soient ces secours, j'ose le dire, ils
seront toujours fort au - dessous de sa bonne
volonté. Si, par malheur, ils étoient foibles,
on doit bien se persuader qu'ils seroient encore fort au - dessus de ses facultés actuelles.
On ne doit jamais perdre de vue, que toutes
les caisses publiques sont vuides, que les ressources territoriales sont au - delà des mers,
que son commerce est depuis long-temps inter-
rompu, et que ce sont les sacrifices volontaires des particuliers qui doivent fournir aux
besoins des deux Républiques. Si la France
exigeoit tout ou trop, la Hollande ne pourroit
rien, ou bien peu pour elle-même ; dans ce cas,
elle deviendroit de la plus parfaite nullité contre les ennemis du peuple Français, qui sont
maintenant les siens. Elle ne peut pas recourir
à la voie ruineuse des emprunts, dont elle n'est
déjà que trop surchargée ; car, à qui emprun-
teroit-elle ? à ses ennemis ? Ils ne seroient ni
disposés, ni en état de la secourir. Aux puissances neutres ? elles sont toutes ses débitrices,
et n'acquittent pas leurs dettes. Aux Etats-
Unis ? Ils ne pourroient lui fournir que du
papier. Aux villes libres ? parmi elles il n'est
que Hambourg qui pourroit lui fournir quel-

ques millions, et il est fort douteux que cette ville voulût les risquer dans l'état actuel des choses, qui ne présentent qu'incertitude jusqu'à la paix générale. Dans son propre sein ? Mais si les particuliers se dégarnissent, et que l'emprunt en entier soit employé à satisfaire aux besoins ou aux demandes de la République Française, la question revient, où prendra la Hollande de quoi satisfaire à ses propres besoins, et rendre son alliance utile à la France ? Il n'y auroit donc que la France elle-même à qui elle pourroit s'adresser ; mais si la France se trouvoit en état de lui faire des avances, elle pourroit se passer de secours, elle pourroit par conséquent convertir en créance ce qu'elle a droit d'exiger pour ses services, et l'accord seroit bientôt fait. Je voudrois bien que le supposé ne fût pas faux.

Quoi qu'il en soit, le vrai moyen pour la France, de tirer le plus grand parti possible de la nouvelle République, et de se l'attacher irrévocablement, c'est de se contenter de ce qu'elle pourra faire dans le commencement, de lui donner le temps de réparer ses pertes, d'organiser ses ressources, d'en créer de nouvelles par des réformes utiles et une sage économie, et de donner une face imposante à ses forces maritimes. C'est de ne point entraver, mais de favoriser au contraire, la marche de sa politique, de ne contrarier en rien, de ne pas influencer même ni les dispositions des esprits, ni la tendance des volontés; de laisser, en un mot, la nation à elle-même. Le Batave agit lentement, parce qu'il médite beaucoup; mais il marche droit au but, et rarement il le manque. La précipitation, en le faisant sortir de son naturel, ne serviroit qu'à l'égarer. Une influence étrangère ne feroit que le rendre soupçonneux et méfiant. Contrarier ses desseins et ses vues, ce seroit vouloir le plonger, par le dégoût, dans la plus apathique insouciance.

Français, vous le connoîtrez ce peuple estimable, vous rendrez hommage à ses vertus; peut-être même, si vous prenez la peine de l'étudier, admirerez-vous en lui les vrais talens sans prétention, la profondeur du génie sans morgue, de l'esprit sans ridicule, des connoissances peu communes sans pédanterie, et ce bon sens sur-tout qui, par son naturel et sa droiture, vaut souvent infiniment mieux que des lumières transcendantes qu'il n'accompagne pas. Vous le connoîtrez ce peuple si mal connu et si mal apprécié, et vous trouverez en lui cette fermeté de caractère, cette vérité de sentiment, cette uniformité de principes, ce vertueux fanatisme pour les *Droits de l'Homme*, cet attachement pour vos loix et pour vous, qui sont l'empreinte la moins équivoque du véritable esprit républicain et de l'homme digne de lui-même. Vous le connoîtrez et vous applaudirez à la justice que je lui

rends,

rends , vous vous féliciterez d'avoir usé à son égard des mesures de douceur et de justice , vous vous réjouirez de l'avoir pour ami , et vous vous empresserez de l'avoir pour allié ; vous distinguerez enfin le Batave digne d'être libre , qui le fut toujours dans son cœur , qui travailla toujours pour l'être pleinement , du Batave égoïste , esclave par ambition , oppresseur par lâcheté , et toujours faux par intérêt comme par caractère.

Vos ennemis , le féroce Breton sur-tout , se ressentiront bientôt de la perte qu'ils ont faite , et de la prépondérance des forces que vous avez acquises. C'est, en grande partie , avec les trésors de la Hollande qu'ils soudoyoient leurs satellites ; c'est de ses magasins qu'ils les alimentoient ; c'est de ses arsenaux que sortoient cette formidable artillerie , cette immense quantité de munitions , qui ont retardé jusqu'ici leur entière défaite. Tous ces biens , que vous leur enlevez , deviennent les vôtres ; et si vos invincibles phalanges leur ont fait mordre la poussière , malgré ces importans secours , quels sort peuvent-ils se promettre , lorsque ces secours , passant entre vos mains , augmentent tout-à-la-fois votre puissance et leur foiblesse ? Si vous avez vaincu , lorsque la Hollande , subjuguée par son stadthouder , étoit contre vous , que ferez-vous maintenant qu'elle est avec vous et pour vous ?

Mais , vous le pressentez sans doute, peuple

Français ! la coalition et cet homme atroce , que les coalisés exécreront un jour comme l'auteur de tous leurs désastres ; cet homme, qui immortalise l'infamie de sa nation et la sienne, dont la postérité ne prononcera le nom que pour peindre l'ennemi le plus acharné et le plus cauteleux des *Droits de l'Homme et des Peuples* , le plus déhonté des corrupteurs de la morale des nations , et le plus artificieux , le plus adroit des séducteurs et des instigateurs au crime ; cet homme qui ne pouvoit naître, exister et réussir qu'au milieu d'un peuple capable de goûter l'immoralité de ses principes , et d'en faire la règle de sa conduite politique ; *Pitt* , en un mot , et ses agens fidèles , les coalisés , ne vous laisseront pas jouir tranquillement des avantages que vous leur arrachez. Désespérant de vous en dépouiller par la force , ils tenteront de vous les faire perdre par l'intrigue , la séduction et la ruse. Ces armes leur sont familières, ils en connoissent mieux le maniement et l'usage , que de celles qui vous ont procuré tant et de si éclatantes victoires. Ils ont souvent réussi , par ces armes des lâches , à semer parmi vous le trouble et la discorde , à organiser des factions , à paralyser vos loix , à nullifier une partie de vos plans et de vos mesures , à élever , au milieu de vous , sur des tas de victimes , un trône à la terreur , et à faire planer la mort sur les têtes des vrais amis , des incorruptibles soutiens de la patrie. *Pitt*, n'en doutez pas, a les yeux ouverts sur la conduite de vos Représentans, de vos généraux et de vos armées dans le pays Batave ; il ne négligera rien pour engager les uns ou les autres dans quelques fausses démarches qui indisposent la nation, qu'il ne manqueroit pas d'agiter en conséquence. Il sera puissamment secondé par ces reptiles Anglo-Stadhoudériens, qui ont préféré une soumission hypocrite à la fuite, parce qu'elle leur eût ôté les moyens de servir une cause qui peut seule favoriser leur ambiteux et rampant égoïsme. C'est contre les conseils perfides surtout, contre les insinuations artificieuses, les menées sourdes et liberticides de ces êtres accoutumés à prendre toutes sortes de formes, à se couvrir de tous les masques, qu'on doit se tenir en garde. Ils affecteront, peut-être, de prendre, avec une vivacité séduisante, les intérêts apparens de la France, pour mieux réussir à ruiner ses intérêts réels, et tout est perdu si on s'écarte de la route qu'on a suivie jusqu'à présent, pour se jetter dans celle qu'ils proposeront, et dont, comme les génies malfaisans de la féerie, ils auront bien soin de couvrir les précipices par des montagnes d'or enchantées, qui s'évanouiront tout-à-coup, lorsqu'il ne sera plus possible d'éviter l'abîme.

Peuple Français ! cette trame qui s'ourdit sans doute déjà, et qui demande un redoublement de vigilance de la part de votre gouvernement, peut étendre ses fils glutineux jusqu'au milieu de vous. Méfiez-vous donc de ces hommes qui font entrer, jusqu'à la fausse compassion, dans les moyens de vous égarer, et qui, en s'affligeant méthodiquement sur des maux dont ils connoissent peut-être la source, vous montreroient la misère des peuples qui se jettent entre vos bras, comme une mesure infaillible et juste, qui feroit cesser la vôtre. Ces hommes, durs et compatissans par systême, ne pourroient avoir d'autre but que celui de vous rendre barbares, pour vous rendre odieux, et de vous preparer des fers pour prix de votre docilité à suivre leurs suggestions fratricides. Soûvenez-vous que vous ne sauriez vous écarter de la justice et de la loyauté, que pour vous rapprocher de la servitude. Ils le savent, ces hommes qui voudroient vous asservir, ou vous voir asservis ; et en vous engageant à des excès qui armeroient contre vous vos amis mêmes, ils se flatteroient de renverser l'auguste édifice de votre liberté, dont le seul aspect fait pâlir le crime, et qu'ils ne peuvent fixer eux-mêmes qu'en fremissant, parce qu'ils craignent toujours d'en voir partir la foudre qui doit les écraser.

C'est contre ces hommes à complots populicides que vous devez vous prémunir, peuple Français ! en vous rappellant sans cesse que la fidélité aux promesses, la modération et l'humanité enrichissent plus les vainqueurs que les vexations et le pillage. On leur donne par reconnoissance et par amour plus qu'ils ne sauroient obtenir par la force, parce qu'on s'étudie à éluder les ordres des oppresseurs, et à se soustraire par mille détours à leur pénétration et à leurs menaces, tandis que rien ne coûte quand on ne reçoit la loi que de sa propre volonté et de ce sentiment impérieux qu'un bonheur inattendu fait toujours naître.

Qu'on vous repète donc tant qu'on voudra que, si vous n'exigez de fortes contributions de la Hollande, si vous n'épuisez ses magasins, si vous n'y introduisez le cours de vos assignats, la révolution que vous avez favorisée par vos armes n'est pour vous d'aucune utilité, et n'a fait que vous ravir le droit de conquête, qui vous eût mis en possession de tout ce dont votre modération vous prive. Peuple Français ! vous serez sourd à cette voix mensongère et corruptrice. Je vous ai mis à portée de juger de tout ce que vaut la Hollande pour vous, lors même que vous n'en retireriez pour le moment aucun avantage sensible ; supposition forcée que les proclamations des nouveaux états ne permettent plus de faire. Si tout ce que j'ai dit ne suffit pas pour vous éclairer, un traité d'alliance et de commerce qu'on doit se hâter de conclure avec ce peuple régénéré, ne fussent-ils l'un et l'autre que *provisoires*, pour être ensuite modifiés, amplifiés, consolidés à l'heureuse époque d'une

paix générale, vous instruiront mieux, vous
feront mieux sentir tout ce que cet événement a d'heureux pour vous, que les plus
beaux, les plus justes et les plus profonds rai-
sonnemens du politique le plus éclairé (*). Si
vous doutez en attendant de la justesse de mes
réflexions et des vérités qu'elles renferment,
consultez l'Angleterre, consultez *Pitt*, consultez tous vos ennemis; demandez-leur ce
qu'ils perdent et ce que vous gagnez; leur
découragement et leur désespoir vous l'appren-
dront. Demandez-leur sur-tout quelle est la
conduite qu'ils vous conseilleroient de tenir,
et qu'ils voudroient bien que vous tinssiez envers le peuple Batave, et que votre gouvernement décide s'il doit changer quelque chose
à celle qu'il a eu la sagesse de prescrire à vos
Représentans et à vos armées à l'égard d'un
peuple que vous regardez comme votre ami,
et qui est intéressé à ne jamais démentir ce
glorieux titre; et on aura véritablement dé-
brouillé par-là ce *Nœud Gordien* politique,
sans avoir besoin de recourir au fer pour le
couper.

____

(*) C'est d'après les conditions de ce double traité, qu'on
pourroit trouver un moyen de faire circuler en Hollande
une somme déterminée d'assignats sans inconvénient; je
pourrai peut-être à cette époque, que je desire avec ardeur pour le bien des deux Républiques, donner mes idées,
sur-tout si les traités s'accordent avec ma manière de les
concevoir.

F I N.